여행스님과 만나는
자비도량

如行 엮음

펴내며

부처님 법문은 8만 4천 법문이라고 할 만큼 방대하고 장엄하여 일상생활 속에서 부처님의 말씀을 가까이 접하기가 쉽지 않습니다.
이에 평상시 가슴에 와 닿았던 불전의 내용 가운데 매일 매일 곱씹어 보았던 짧은 구절들을 한곳에 모아 보았습니다.
짧지만 큰 교훈을 담고 있는 부처님의 말씀에 힘입어 환희로운 불자의 삶을 사는데 도움이 되시길 바랍니다.
이 법공양과 맺어지는 인연공덕으로 모든 분의 지혜가 증장하여 행복하시길 발원합니다.

불기 2556년 5월

如行 합장

● 0 0 1 ●

사자가 코끼리를 잡을 때나 토끼를 잡을 때 그 힘을 다 하는 것이 다르지 않다. (열반경)

새해 첫 기도는 다들 열심히 한다. 그러나 중요한 것은 처음에 마음을 내어 최선을 다하고 끝까지 유지시키는 것이다.
최선을 다한 사람은 후회할 필요가 없다. 희망찬 새해에 세웠던 계획과 기도는 힘을 다하여 실천하고 용맹정진 해나갈 수 있어야 한다.

• 0 0 2 •

세상일에 부딪쳐도 마음이 흔들리지 않고 걱정과 티 없이 편안한 것, 이것이 더없는 행복이다. 이런 일을 한다면 어떤 일이 닥쳐도 실패하지 않는다. 어느 곳에서나 행복할 수 있다. 이것이 더없는 행복이다. (숫타니파타)

누구나 행복을 원한다. 그러나 행복은 먼 곳에 있는 것이 아니라, 내 마음 속에 존재하는 것이다. 내 삶 속에 영롱한 보석처럼, 따뜻한 빛처럼 행복은 찾아 온다.

• 0 0 3 •

동유후이곡유심 (桐愈朽而曲愈深)
매유한이향유고 (梅愈寒而香愈高)

오동나무는 세월이 많아야 그 곡조가 깊고
매화는 추워야 향기가 더욱 진하다.

(황벽희운)

매화의 향기는 은은하면서도 참으로 좋다. 그 향기는 겨울이 혹독할수록 더욱 높고 진해지며 멀리까지 퍼져나간다.
오동나무는 굉장히 가벼우면서 단단하다. 오동나무로는 악기를 만드는데 나무가 오래되면 오래될수록 좋은 악기가 된다. 오래된 나무일수록 속이 비어있기 때문이다.

• 0 0 4 •

삼도(지옥, 아귀, 축생)의 괴로움을 가져오는 데는 탐심이 첫째요, 육도(보시, 지계, 인욕, 정진, 선정, 지혜의 육바라밀)의 수행문 가운데는 보시가 으뜸이 되느니라. (자경문)

탐욕으로 인해 모든 괴로움이 시작되며, 아낌없이 보시함으로써 탐욕심이 끊어진다. 탐욕을 끊고자 하는 노력이 아무리 작더라도 천년의 보배가 된다고 했다.

• 0 0 5 •

구름이 가니 달이 가는 것 같고
배가 가니 언덕이 가는 것 같다.

(원각경 금강장보살장)

내 생각이 그러니 세상만사가 그러한가! 거짓된 망아(忘我)의 중생심 때문에 온 세상이 뒤바뀌어 보이며, 참된 진리인 마음달(心月)의 면목을 바로보지 못한다. 눈앞에 공화[헛꽃]인 줄만 알면 마음달(心月)의 면목자리를 볼 수 있다. 경계에 흔들려 본래면목을 잃지 말자.

• 0 0 6 •

모든 법은 본래부터 항상 고요한 열반의 모습 그대로이므로, 불자가 이 도리를 닦게 된다면 다음 세상에 반드시 부처님이 되리라.

(법화경 방편품)

나와 남을 포함하여 일체 차별현상의 겉모습에 속지 말아야 한다. 만물의 근원은 본래부터 평등하여 모든 시비와 분별이 없는 고요한 열반의 상태라는 것을 잊지 말라는 가르침이다.

• 0 0 7 •

사람이 제 마음도 이기지 못하면서 도리어 남의 마음을 이기려 해서야 될 법이나 한 소리인가? 제 마음을 이겨야 남의 마음을 이기게 될 것이다.
　　　　　　　　　　　　　　　　(삼혜경)

세상 사는 모든 법이 다 마찬가지다. 공부도, 싸움도, 취직도……. 진정한 승리는 천군만마(千軍輓馬)와 싸워서 이기는 것이 아니라 자신과의 싸움에서 이기는 것이다.

● 0 0 8 ●

공부에 도움이 되는 말이 아닐 경우에는 차라리
침묵으로 시간을 보내라.　　(오분율 입중오법)

사람들과 모이는 자리가 마련되면
어김없이 말실수가 있게 된다. 서로 주고받는 덕담이
나 꼭 필요한 말 이외에는 삼가자. 남을 향한 따뜻한
배려심을 마음속에 머금고 있는 것이 오히려 서로에
게 깊은 여운을 남길 수 있다.

• 0 0 9 •

자기야말로 자기의 주인.
어떤 주인이 따로 있을까.
자기를 잘 다룰 때
얻기 힘든 주인을 얻은 것이다.　　(법구경)

타 종교에서는 주(主)님이라는 말이 있다. 주님은 주인공을 믿는 것이다. 그 말은 자기 자신을 사랑한다는 것이다. 자신이 소중하면 자신을 잘 지키라는 부처님 말씀도 있다. 성불이야 말로 자기 사랑의 완성이다.

● 0 1 0 ●

하나의 달은 모든 물에 두루두루 나타나고,
모든 물의 달은 하늘의 달 하나가 거둬들이네.

(증도가)

달이 뜨면 바다에도, 강가에도, 마을 어디에도 모든 곳에 두루두루 비춘다. 모든 달의 모습은 허공에 떠 있는 하나의 달로부터 비롯된다.
세상의 모든 인연들도 한마음으로부터 시작된다.

● 0 1 1 ●

사랑스럽고 빛이 아름다우면서 은은한 향기를 내뿜는 꽃이 있듯이 실천이 따르는 사람의 말은 그 메아리가 크게 울린다. (법구경 화향품)

가는 말이 고와야 오는 말이 곱다는 말이 있다. 그러나 상대방이 아무리 나에게 나쁜 말을 하더라도 그것을 어떻게 듣느냐에 따라 달라질 수 있다. 손바닥도 쳐야 소리가 난다.
은은한 향기가 내뿜듯이 오늘도 실천이 따르는 부드러운 말로 답해보자.

● 0 1 2 ●

백년이 지난 때가 묻은 옷이라도
하루의 빨래로 깨끗해지는 것과 같이
백천겁 동안에 모인 온갖 악행이라 할지라도
불법의 힘으로 겸손히 사유하면 일일일시(一日一時)에 남김없이 소멸시킬 수 있다.　(대법경)

죄의 크기에 따라 참회가 불가능하다는 생각은 하지 말자. 잘못에 대한 미련과 집착이 오히려 미래를 방해 할 뿐이다. 이 순간 진정한 참회의 마음을 내었다면 밝은 미래와 함께 죄의 소멸도 이루어질 것이다.

● 0 1 3 ●

어리석은 자가 스스로 어리석다고 여기면
그는 벌써 어진 사람이며,
반대로 어질다고 여기면 그야말로
그는 어리석은 자이다.　　　　　　　(법구경)

살다보면 아는 척, 잘난 척, 많이 배운 척, 척 척 척……. 우리는 사실과는 다르게 위선 속에서, 또는 어쩔 수 없이 자기를 대변하기 위해서 자신을 속이기도 한다. 하지만 실로 많이 알고, 많이 배우고, 많이 가졌다 하더라도 "나는 아무것도 모른다"는 겸손과 하심(下心)이 더욱 그를 높게 할 것이며 빛나게 할 것이다.

● 014 ●

마음이 일어나면 갖가지 법이 일어나고, 마음이 사라지면 갖가지 법이 사라진다. (원효대사)

마음을 떠나서는 이 세상도 없다.
마치 잠들면 이 세상이 사라지고,
잠에서 깨면 이 세상이 드러나듯
마음을 따라 이 세상이 일어나기도 사라지기도 한다.
그래서 일체유심조(一切唯心造)다. 일체는 오직 마음이 짓는다고 하는 것이다.

● 0 1 5 ●

열반회상에서 이마가 넓은 백정이
소를 잡던 칼을 내려놓고 "나도 일천 부처님
중의 하나다"라고 소리 높여 말한 것도 또한
하나의 믿음 '신(信)'자에서 벗어나지 않는다.

(고봉원묘화상 선요)

열반경에서 설한 내용이다.
"바라나국에 백정이 있으니 이름은 광액(廣額)이었
다. 날마다 한량없이 양을 죽이더니, 사리불을 만나
계를 받고는 깨달음을 얻게 되었다."
부처가 되는 길은 첫째도 믿음이요, 둘째도 믿음이
다. 믿음이란 바로 '나는 부처'임을 믿는 것이다.

● 016 ●

모든 강물이 바다에 이르면 강으로서의 이름이 없어진다. 모든 사람도 불법(佛法)이라는 바다에서는 평등하다.
(증일아함경)

돈이 많든 적든, 대학을 나왔든 안 나왔든, 사람으로 태어난 것만으로도 하늘을 덮을 만큼 넘치는 복을 얻은 것이다. 불법의 바다에서는 누구든지 평등하다.

• 0 1 7 •

중생을 이익케 하는 보배비가 허공에 가득하여
중생이 자신의 그릇에 맞게 이익을 얻는구나.

(의상스님 법성게)

보배비, 즉 우보(雨寶)는 중생을 이익케 하는 묘법(妙法)의 공덕(功德)이 허공에 가득해지도록 만든다. 중생을 이롭게 하는 모든 것이 결국엔 자기도 이롭게 한다는 것이다. 보배비를 담을 그릇을 키워야 더 많은 우보를 받을 수 있다.

• 0 1 8 •

밭은 잡초의 해침을 받고, 사람은 탐심의 해침을 받나니, 탐심 없는 이에게 보시를 행하면 거두는 그 복이 한이 없으리.　　　　　　　(법구경 애욕품)

땅의 기운은 어떤 풀이든 모두 자라나게 하기 마련이다. 잡초로 인해 농사가 잘 안된다면 누구의 책임일까?
욕심을 내다보면 모든 일을 그르치게 된다. 욕심이 생길 때마다 본래 무일물(無一物)임을 생각하자. 올 때도 빈손으로 왔으며, 갈 때 역시 빈손으로 갈 것이다.

• 019 •

살아 있는 것들에게 폭력을 쓰지 말라. 살아 있는 것들을 괴롭히지 말라. 너무 많은 자녀와 친구를 갖고자 하지도 말고, 저 광야를 가고 있는 코뿔소의 외뿔처럼 혼자 가거라.

(숫타니파타)

세상의 모든 생명들이 항상 편안하고 안락하여지이다. 몸이나 마음의 어떤 고통도 범할 수 없는 부처님 청정한 정토에 이르게 하여지이다.

● 0 2 0 ●

삼일 닦은 마음은 천년의 보배요,
백년 탐낸 재물은 하루아침의 티끌이라.

(초발심자경문)

행자가 되면 맨 처음 배우는 공부가 초발심자경문이다. 삼일을 닦은 마음과 천년을 쌓아 모은 재물 중 우리는 어떤 것을 가지고 이 생을 마감할 것인가? 머리로만 알고 실천이 따르지 못하면 어리석음만 반복하는 것이다.

• 0 2 1 •

서로 끌어들여 말하지 말고,
면전에서 칭찬하지도 말라.　　　(중아함경)

좋은 말도, 나쁜 말도 모두가 시비(是非)다. 말을 하다 보면 뜻하지 않게 오해도 생기게 된다. 구시화문이란 말이 있다. '입은 화를 일으키는 문'이라는 뜻이다. 항상 입을 단속하여 양변을 여의는 연습을 하자. 여의는 연습을 하다보면 어떠한 칭찬에도 어떠한 구설수에도 머물지 않게 된다.

• 0 2 2 •

**과거의 마음을 얻을 수 없고,
현재의 마음도 얻을 수 없고,
미래의 마음도 얻을 수 없다.** (금강경)

마음이란 잡을 수도, 얻을 수도 없는 것이다. 항시 무상하기 때문에 이미 지나간 과거에 집착하지 아니하며, 공연히 망상에 젖지 아니하여야 한다. 중요한 것은 오직 지금뿐!
긍정적 사고로 현재에 최선을 다해야 한다.

• 0 2 3 •

흰 눈을 밟으며 들 가운데를 갈 때 함부로 어지러이 가지 말라. 오늘 내 발자취는 뒤에 올 사람들의 길잡이가 될 것이다.   (서산대사)

우리가 의미 없이 살아가고 있는 오늘은 누군가가 그토록 살고 싶었던 내일일 것이다. 길을 가는데 있어서 어떻게 갈 것인가 가르쳐 주는 사람을 도사(導師)라고 한다. 도사란 하늘을 날아다니거나 신통을 부리는 자가 아니라 길을 가르쳐주고 이끌어 주는 자다. 도사가 먼저 간 길을 따라가는 것은 우리 스스로의 몫이다. 우리는 지금 어느 길 위에 서 있으며 어느 길을 향해 나가고 있는가.

● 0 2 4 ●

"일심(一心)이 청정하면 일신(一身)이 청정하고, 일신이 청정하면 다심(多心)이 청정하고, 다심이 청정하면 시방중생의 원각(圓覺)이 청정하다."

(원각경)

나로부터 시작하는 청정하고 행복한 기운이 주변과 이웃, 더 나아가 나라 전체를 청정하고 행복하게 한다. 나의 한 생각, 한 마음이 청정하게 하나의 꽃으로 피어나는 것은 원각의 세계이다. 이것이 세계일화인 것이다.

● 025 ●

비유하자면 지옥의 모든 옥졸과 칼산지옥의 칼날 덤불숲은 모두가 자기의 업으로 말미암아 생긴 것인데 그들은 누구에게 화를 낼 것이며 또 원한을 품으랴? (입보리행론 인욕품)

우리는 스스로가 심어 놓은 업인의 결과를 거두면서 살아간다. 다음 생이 아닌 이 생에서도……. 이는 마치 봄에 씨앗을 심고, 가을에 수확하는 농사꾼의 삶과 같다. 우리는 어떤 씨앗을 심으며 살아갈 것인가?

• 0 2 6 •

**중생지류(衆生之類)가 시보살불토(是菩薩佛土)니라!
중생이 곧 보살, 불토이다.**　　　　　(유마경)

유마경에서 가장 유명한 문구는 '중생이 아프니 나도 아프다' 는 유마거사의 말씀이다. 마찬가지로 중생이 곧 보살이자 불국토라는 것은 중생에 따라 보살이자 불국토가 되는 행과 원이 완성된다는 뜻이다. 이는 무한한 중생을 위한 자비심이기도 하다. 중생이 없으면 부처도, 보살도 없다. 중생심을 답답하게 여기지 말고, 무한한 불국토와 보살심의 터전이 됨을 기억하자.

● 0 2 7 ●

모든 부처님은 바로 법계(法界)를 몸으로 하나니, 일체중생의 마음 가운데 들어 있느니라. 그러므로 그대들이 마음에 부처님을 생각하면 이 마음이 바로 삼십이상(三十二相)과 팔십형호(八十形好)를 갖춘 원만덕상이니, 이 마음으로 부처를 이루고, 이 마음이 바로 부처니라.

(관무량수경)

부처님을 생각하는 그 순간 그 마음이 바로 부처인 것이다. 내 마음에서 부처님을 그리워하며 생각하는 것, 이것이 바로 염불(念佛)인 것이다. 스스로가 부처임을 확신하고 그 자리를 놓치지 않기 위해 오늘도 정진한다.

• 028 •

착한 행위는 서두르고
나쁜 행위는 억제하라.
착한 행위에 느린 마음을 가지면
나쁜 행위에 즐거움을 느끼기 쉽다. (법구경)

착한 행위를 서두르는 것은 지금 이 순간 하지 않으면 다시 마음을 내기가 어렵기 때문이다. 세월은 무상하기에 기다려 주지 않는다.

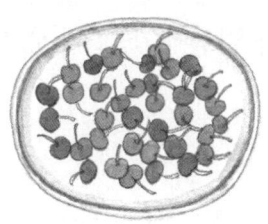

경전을 보는데 자기 마음속을 향하여 공부를 하지 않으면 비록 만 권의 대장경을 모두 보았다 할지라도 아무 이익이 없다. (선가귀감)

기도, 염불, 사경, 간경, 이 모든 것은 기도하는 시간이 중요한 것이 아니다. 중요한 것은 일상생활에서 자기 자신이 얼마나 변화하고 있으며, 순경계와 역경계에서 얼마나 여여하게 잘 하고 있는지를 관찰하는 것이다. 수행은 연습이며 반복이다. 기도시간이 따로 있는 것이 아니라 일상생활 그 자체가 기도시간이다.

● 030 ●

죄의 자성 본래 없어 마음 따라 일어나니,
마음 만약 없어지면 죄업 또한 사라지네.
죄의 마음 모두 없애 두 가지가 다 공해지면
이 경지를 진실로 참회라 이름 하네. (천수경)

죄라는 생각 자체도 공(호)하다. 죄를 짓는 것조차도 허상인줄 안다면 죄를 지을 수 있을까? 무상한 줄 안다면 모든 욕심에서 벗어나 자유로울 수 있다.
죄에도 복에도 얽매임 없이...

• 0 3 1 •

자비심은 진실해서 헛되지 않고, 선한 행동은 진실한 생각에서 일어난다. 그러므로 진실한 생각은 자비심이며, 자비심은 곧 여래다.(열반경)

미운 사람이 있거나, 나와는 뜻이 맞지 않는 사람이 있다면 그 사람이 감동 받을 수 있도록 자비심을 내어 관계를 유지해보자. 그 사람은 곧 가장 좋은 관계로 발전할 것이다.

• 0 3 2 •

수행자가 성내는 것은 흰 구름 속에서 번갯불이 번쩍이는 것과 같다. 참을성이 없다면 보살의 행도 이루어질 수 없다. 수행의 길은 끝이 없지만 자비와 인욕이 근본을 이룬다.

(선가귀감)

화엄경에도 한번 분노를 일으키기만 하여도 수많은 장애의 문이 열린다고 하였다. 스님들뿐만 아니라 재가자들에게도 마찬가지이다. 성냄과 분노는 보살행의 근본이 아니다. 수행의 길에서는 늘 자비한 마음, 인욕하는 마음을 잃지 말자.

● 0 3 3 ●

만일 다툼으로 다툼을 막으려 하면 끝내
그침을 보지 못하느니라.
오직 참는 것만이 다툼을 막나니
이 법은 존귀하다 할 만 하니라. (중아함경)

그동안 잘 참고 있었더라도 헐뜯는 말을 들을 때 다시금 꾸짖음으로써 되갚는다면 그 원한은 끝내 그치지 않을 것이다. 상대방과 부딪치지 않고 약하지만 참으면 강한 것이요, 또 그것이 이기는 것이다.

● 0 3 4 ●

내가 부처가 된 이후로 지내온 많은 세월은
한량없는 백천만억 아승지로다.

(법화경 여래수량품)

백천만억 아승지는 헤아릴 수 없는 숫자이다. 내가 성불한 뒤로 어느 정도의 세월이 경과했느냐? 숫자로써 형용할 수 없는 한없이 많은 세월이 경과했다는 말이다.

불교의 목적이 무엇이냐? 물으면 성불, 즉 부처되는 것이라고 한다. 본래부처(本來是佛)라는 말이 있다. 깨쳤다는 것은 본래부처라는 것을 깨쳤다는 말일 뿐 중생이 변하여 부처가 되었다는 뜻이 아니다. 그 전에는 자기가 늘 중생인 줄로 알았는데 깨치고 보니 억천만 무량아승지겁 전부터 본래 성불해 있더라는 것이다.

● 0 3 5 ●

일상사가 나와 다를 것이 없다. 오직 내가 스스로 짝해서 어울린다. 낱낱이 취하거나 버리지 아니하고 곳곳마다 마음에 들거나 거슬릴 것이 없다. 높은 벼슬을 누가 귀하다고 하던가. 저 산도 하나의 먼지인 것을. 신통과 묘용이여, 물을 긷고 나무를 해오는 일일세. (방거사)

방거사는 중국 당대(唐代)의 사람이며, 중국의 유마(維摩)라고도 일컫는다.
사람들이 살아가는 일상사 모두가 부처의 행이 아닌 것이 없다. 웃는 모습, 화나는 모습, 일하는 모습 하나하나가 모두 신통하고 묘용한 일이다.

• 0 3 6 •

큰소리에 놀라지 않는 사자와 같이, 그물에 걸리지 않는 바람과 같이, 물에 젖지 않는 연꽃과 같이, 저 광야를 가고 있는 코뿔소의 외뿔처럼 홀로 가라.　(숫타니파타)

구절구절 마음으로 느끼며 각인한다. 흔들리지 말고, 외롭다고 느끼지 말고. 다시 불붙지 않도록 코뿔소의 외뿔처럼 혼자서 가리라.

• 0 3 7 •

산당에 고요한 밤 말없이 앉았으니 적적하고 요요한 것이 본래가 자연이로구나. 어찌하여 서풍은 동쪽 숲으로 불어드는가. 한 소리 찬 기러기 구만리 장천을 울리는 구나.

(송나라 야부도천 선사)

찬 하늘 속에 소리를 내며 기러기들이 떼 지어 날아간다. 고요하고 고요한 것이 삼매에 들어 그 흔적조차 없고, 자연만이 그 자리를 지키고 있다. 스스로 미소 짓게 한다. 어찌하여 서풍은 동쪽 숲으로 불어드는가?

038

지혜 있는 사람의 소행은 쌀을 쪄서 밥을 지음이요, 지혜 없는 사람의 소행은 모래를 쪄서 밥을 지음이니라. (발심수행장)

지혜가 있느냐 없느냐에 따라 같은 밥을 지어도 결과가 다르다. 모래를 솥에 안쳐 놓고 나중에 뚜껑을 열어보니까 모래만 가득하다고 한다면 누구의 잘못인가? 어리석음에서 벗어나는 것이야 말로 우리가 수행해 나가는 길의 나침반이 될 것이다.

• 039 •

아난존자는 교학의 깊은 도리를 유통시켰고, 가섭존자는 삼처전심(三處傳心)을 전하셨다.

(대혜종고 서장)

모든 경전은 서두에서 아난존자의 "나는 이와 같이 들었다"는 말로 시작하고 있다.
아난존자는 교학의 바다처럼 깊은 도리를 유통시켰고, 가섭존자는 세 곳에서 부처님으로부터 마음을 전해 받았다.
부처님께서 열반하신 후, 부처님의 말씀을 모아 제1결집(경전편찬의 시초)을 완성하신 아난존자와 마하가섭존자 이외 모든 역대조사들께 고마움을 다시 한 번 느껴본다.

● 040 ●

나에게 하나의 포대가 있는데, 텅 비어 있어서 걸림이 없다. 펼치면 우주에 두루하여 어느 때나 자유롭게 드나드네. (포대화상)

포대(布袋, ?~916) 화상은 미륵부처님의 화신이라고 알려져 있다. 포대 하나로써 법을 설하고 중생들에게 깨우침을 주셨던 분이다. '나에게 하나의 포대가 있다'는 것은 무한광대한 자신의 마음을 뜻한다. 그것은 허공처럼 텅 비고 넓다. 이 우주에 꽉 차고도 남는다.

041

사람으로 태어나기 어렵고, 태어나도 생명을 유지하기 또한 어렵다.
세상에 부처님이 계시기 어렵고, 부처님이 계셔도 그 가르침을 듣기가 또한 어렵다.

(법구경)

한 도시에 존재하는 생명체만 하더라도 그 수효는 이루 헤아릴 수 없이 많다. "다른 생명체의 수는 대지의 흙과 같고, 사람의 수는 손톱 위의 흙과 같다"고 하였다. 다행히 불교를 만나서 진리의 가르침을 듣고 배우며, 인생을 의미 있고 보람 있게 산다는 것은 얼마나 희유하고 다행한 일인지 모른다.

● 0 4 2 ●

지나치게 인색하지 말고, 성내거나 질투하지 말라. 이기심을 채우고자 정의를 등지지 말고, 원망을 원망으로 갚지 말라, 위험에 직면하여 두려워 말고, 이익을 위해 남을 모함하지 말라.　　　　　　　　(잡보장경)

〈잡보장경〉에 실린 총 121가지에 이르는 인연담들은 대개 부처님과 관련된 이야기들이다. 그 내용은 지금 받고 있는 길흉화복은 과거의 인연에서 비롯된다는 것이다. 현재에 어떻게 살아가느냐에 따라 밝은 미래가 열릴 것이다.

● 0 4 3 ●

마음의 생사를 끊어버리고
마음의 비좁은 숲을 베어버리며
마음의 때를 씻어버리고
마음의 집착을 풀어버린다.　　　　(대혜종고)

모든 경을 한 글자로 줄이면 바로 마음(心)이 된다. 어떤 마음을 써야 하는가? 바로 웃는 마음이다. 자주 웃다보면 웃을 일도 생기고 근심 걱정도 금방 놓게 된다. 항상 웃는 날만 가득하시길~~~

• 044 •

공부한 바가 만일 한 조각을 이룬다면 비록 금생에 깨치지 못하더라도 마지막 눈을 감을 때 나쁜 업에 끌리지 않게 되느니라. (선가귀감)

흩어져 있던 번뇌 망상들을 모아 순일하게 한 생각으로 모으는 것이 타성일편이다. 금생에 이 몸을 제도 해야지 어느 생에 이 몸을 제도 하겠는가?

● 045 ●

만약 과거 현재 미래의 일체 부처님을 알고자 한다면 응당히 법계의 체성을 관하라. 일체가 오로지 마음으로 지어졌느니라.　(화엄경)

새벽을 알리는 종소리에도, 재의식에도 항상 이 게송을 한다. 마음이라고 하는 그 자체도 머물러 있는 체성이 없다. 언제나 변하는 것이 일체 법계성이다. 무상함을 늘 염두에 두고 마음으로 지어가는 자기 자신을 잘 살펴야 한다.

• 046 •

無繩自縛 무승자박
밧줄도 없는데 스스로 묶였다.
(임제록)

누구나 자유를 원한다. 진정한 자유는 스스로를 향한 집착과 욕망, 오욕락에서 벗어나는 것이다. 좋은 일, 나쁜 일, 인간의 모든 희로애락이 밧줄도 없이 사람을 묶는다. 이것이 바로 오욕락이다. 오욕락에서 벗어나는 진정한 자유를 위하여 사바하!

• 0 4 7 •

마음은 그림을 그리는 화가와 같아서 능히 모든 세상을 다 그리네.
오온이 모두 마음으로부터 생기면 만들지 않는 것이 없네. 마음과 같이 부처도 또한 그러하며 부처와 같이 중생도 그러하네. (화엄경)

화가가 흰 종이 위에 그림을 그릴 경우 자신이 그리고자 하는 것을 마음대로 다 그릴 수 있다. 우리네 마음 역시 원하거나 뜻하는 바가 있으면 무엇이든지 이룰 수 있다.

● 0 4 8 ●

좋은 말은 채찍의 그림자만 보고도 바람처럼 천리를 내닫는다.   (금강경 오가해, 종경스님)

좋은 말이란 아마도 삼국지에 등장하는 적토마쯤은 되리라. 채찍의 그림자만 보고도 바람처럼 천리를 내닫는 말처럼 지혜롭게 행동에 옮긴다면 이보다 좋은 것은 없다. 하지만 조금은 어둔하더라도 부처님 당시의 바보 주리 판타카처럼 뚝심 있고 자신 있게, 다른 이들의 비난 속에서도 밀고 나갈 수 있고 이룰 수 있다면 그것 역시도 천리를 내닫는 것이다.

• 049 •

어느 곳에서든지 주인이 되라. 지금 있는 그곳이 모두 참된 행복이다. (임제록)

하안거와 동안거 결제가 되면 결제를 맞는 절에 주인이 되고자 걸망을 싸고 좌복을 정리하며 대중 용상방을 짜고 법당에 인사를 드린다. 이로써 그 절의 주인이 될 수 있다.
현재의 자신이 있는 곳이 모든 것의 근원이며, 중심이 되는 것이다. 최상의 인생도 지금 바로 여기에 있고, 진리도 행복도 평화도 극락도 바로 지금 여기에 있는 것이다.

● 050 ●

부처님은 모든 사람들을 자식처럼 사랑한다. 그 중에서도 죄 많은 자와 업이 무거운 자 그리고 어리석고 못난 자를 더욱 사랑한다.

(정토삼부경)

불보살님은 대자대비한 마음으로 모든 중생을 평등하게 대하여 중생들에게 이익을 주신다. 지금부터라도 마음을 비워서 '부처님처럼, 부처님이라면, 내가 바로 부처라면 어떻게 했을까?' 생각해보자. 그러한 마음으로 용서하고 이해하며 더욱 더 사랑할 수 있도록 노력해보자.

• 0 5 1 •

그때 세존께서는 공양 때가 되어
가사를 입고 발우를 들고 걸식하고자
사위대성에 들어가셨다.
성 안에서 차례로 걸식하신 후
본래의 처소로 돌아와 공양을 드신 뒤
가사와 발우를 거두고 발을 씻으신 다음
자리를 펴고 앉으셨다. (금강경 법회인유분)

일상생활 그 자체가 도(道) 아닌 것이 없다. 공양을 받을 때도, 일상생활을 할 때도 좋은 것과 나쁜 것을 취사선택하지 않아야 한다. 어떤 경계가 닥쳐도 분별 없이 받아들이라는 가르침이다. 부처님의 공양은 시작과 끝이 여여하고, 일체 모든 존재가 부처님과 다르지 않음을 일러주기 위함이다.
발을 씻을 땐 발만 씻을 뿐.

● 0 5 2 ●

"아름다운(좋은 일) 행을 함에 머무는 바가 없다"

(금강경 묘행무주분)

부처님의 법을 배우고 행하는 불자는 묘행무주(妙行無住)를 가슴에 새겨야 한다. 또한 이 구절 뒤에는 법을 보시함에 망설임이 없어야 한다는 다음과 같은 말씀이 나온다. "수보리야 보살은 모든 법에 머무름 없이 보시를 해야 하느니라. 이른바 형상에 머물지 않고 보시하며, 소리와 냄새와 맛과 감촉과 법에도 머물지 않고 보시해야 하느니라. 수보리야 보살은 마땅히 이렇게 보시하되 모양에 머물지 않고 보시하면 그 복덕은 헤아릴 수 없느니라."

• 053 •

만약 너희들에게 두려움이 생기거든 나를 생각하라. 그러면 두려움이 없어지리라.
만일 나를 생각할 수 없거든 그때에는 법을 생각하라. 그러면 두려움이 사라질 것이다.
만일 나를 생각할 수 없거나 법을 생각할 수도 없거든 그때에는 성중(聖衆)을 생각하라. 그러면 두려움이 사라질 것이다. (증일아함경)

외롭거나 괴롭거나, 어떤 경계에 처해도 불보살님들이 보호하시고 모든 성현들께서 애민하시므로 편안한 마음을 갖도록 노력하자. 이 글을 읽는 순간에도 육도중생이 행복하기를……

● 054 ●

지나가 버린 것을 슬퍼하지 않고, 오지 않는 것을 동경하지 않으며, 현재에 충실히 살고 있을 때 그 안색은 생기에 넘쳐 맑아진다.
탐내어 구하고 지나간 과거사를 슬퍼할 때, 어리석은 사람은 그 때문에 꺾인 갈대처럼 시들어 버린다. (중대가전연일아현자경)

오지 않은 일을 근심하지 않고, 지난 과거의 잘못에 얽매이지 않는 것만으로도 자유로운 사람이 될 수 있다. 현재의 걱정은 잠시 내려놓고 기도를 해보자. 나는 할 수 있다. 별일 아니다.

• 055 •

덧없는 생각들을 끊어야 한다.
그러면 마음이 넉넉하고 안락하리라.
무엇이 덧없는 생각인가?
육신에 매달리는 것이 덧없는 것이다.
좋고 나쁜 느낌에 매달리는 것이
덧없는 것이다.
보고 느낀 생각들이 덧없는 것이다.
자기중심적으로 사물을 판단하는 것이
덧없는 것이다.　　　　　　　　　(잡아함경)

말로는 '덧없다', '무상하다'는 말을 많이 하지만 육체의 고통이 찾아오면 건강하려고만 하거나, 스스로

보고 느낀 것이 제일 옳다고 생각하게 된다. 그러나 모든 일상생활을 판단하는 중심적 판단은 모두가 덧없다고 할 수 있다.

● 0 5 6 ●

**동쪽 마을에 가서 나귀가 되고,
서쪽 마을에 가서 말이 되리라.** (서장)

도를 크게 깨달은 남전(南泉)스님이 '죽은 뒤에 어디로 갑니까?'라는 물음에 답한 내용이다.
"동쪽 마을에 가서 나귀가 되고, 서쪽 마을에 가서 말이 되리라. 올라타게 되면 올라타고, 탔다가 내리게 되면 내린다."
이 말은 도를 깨달았으나 사는 일과 죽는 일은 모두가 인연 따라 흘러간다는 뜻이다. 육체의 문제가 아니라 정신적으로 공부하려는 마음을 얼마나 내느냐가 문제다. 어디에도 걸림 없이 인연에 따라 공부하자.

• 0 5 7 •

아이들이 들판에서 모래로 탑을 쌓거나, 손톱이나 나뭇가지로 부처님을 그리거나, 기쁜 마음으로 부처님을 찬탄하거나, 한 송이 꽃으로 부처님 앞에 공양하거나, 불상 앞에 나아가 합장하여 예배하거나, 산란한 마음으로 한 번만 염불하더라도, 그와 같은 인연들이 모여 성불인연을 맺는다.　　　　(법화경)

보시하고, 공양 올리는 것이 얼마나 큰 공덕이 되는지는 누구나 잘 알고 있다. 한 순간 마음을 내는 것 역시도 크나큰 공덕이 된다. 그러나 그 모든 것이 무주상이었을 때 진정한 공덕이 됨을 잊지 말아야 하겠다.

• 0 5 8 •

감각기관을 잘 다스리지 못하고 부도덕하게 백년을 사는 것보다 단 하루라도 계행을 지키며 마음을 고요히 닦는 것이 훨씬 낫다.　(법구경)

안(눈), 이(귀), 비(코), 설(혀), 신(몸), 의(생각) 육근을 잘 다스려 이 생을 마치려 하는 순간, '아~ 그래도 내가 잘 살다갔구나!!!' 라는 생각을 가졌으면 좋겠다.
수행의 힘을 더하여 계행을 지키며,
부처님 말과 같이
부처님 행동과 같이
부처님 눈과 같이 육근이 청정하기를…….

• 059 •

선도 생각하지 말고 악도 생각하지 말라.
바로 이러한 때에 어느 것이 상좌의 본래면목
인가?
(육조단경)

불사선 불사악이란 말을 많이 한다. 우리의 본래면목은 항상 그 자리에 있는데 말이다. 선과 악의 양변을 뛰어넘는 우리의 본래면목을 잘 관해야 할 것이다.

060

달마대사가 인도로부터 동토로 온 것은 오직 한 마음의 법을 전하여 일체중생이 본래 부처임을 바로 가르쳐 주려는 것이다. (완능록)

〈완능록〉은 황벽스님의 법문을 기록한 책이다. 사람이 부처다. 참으로 따뜻한 말이다. 달마스님이 인도에서 조각배를 타고 먼 바다를 항해하여 중국에 온 것은 오직 이 사실을 깨우쳐주기 위한 것이다. 물론 사람뿐이겠는가? 모든 삼라만상이 부처 아님이 없음을 다시 한 번 생각해 보자.

• 0 6 1 •

우주의 먼지같이 많은 생각들을 헤아려 알고 대해의 바닷물을 다 마시고 허공을 다 헤아리고 바람을 휘어잡는 능력이 있어도 부처님의 공덕은 다 설할 수 없네.　　　(화엄경)

대해보다, 허공보다 더 큰 것이 마음이다. 그러나 그런 마음도 바다에서 물거품이 일어난 것과 같다고 하였다. 부처님의 공덕바다(부처님의 마음)는 어떠한 미움, 원망, 좋음도 없이 모두 용서하고 이해하고 사랑할 수 있음을 알아야 한다.

● 0 6 2 ●

업(業)만 따라갈 뿐이다. 올 때 한 물건도 가져오지 않았고 갈 때 또한 빈손으로 간다. 아무리 많아도 아무 것도 가져가지 못하고 오직 지은 업만 따라갈 뿐이다. (자경문)

인생이란 어디서 왔다가 또한 어디로 가는가? 올 때는 무엇을 가지고 왔으며, 갈 때는 무엇을 가지고 가는가? 탐진치 삼독심을 버리고 지혜를 닦아 나가는 정진의 힘을 놓아서는 안 될 것이다.

• 063 •

부처와 조사는 다 일없는 사람이다. (임제록)

금강경의 '아뇩다라삼먁삼보리를 얻는 것도 없고 설한 바도 없다'는 부분과 통하는 대목이다. 내 자신에 대한 바른 이해, 중생이 곧 부처라는 깊은 믿음이 필요하다. 부처와 중생이 둘이 아니기에 부처와 조사는 '일' 없는 분이시다.

• 064 •

형색으로 나를 보거나
음성으로 나를 찾는다면
삿된 길 걸을 뿐
여래를 볼 수 없으리. (금강경)

부처의 형상이나 영험이 있는 곳을 찾아 이곳에서 기도하면 좋을 것이라는 생각은 오히려 우리의 기도를 방해할 뿐만 아니라 모두가 스승이라는 부처님 말씀에도 어긋난다.
화엄경에서 선재동자가 만나는 53명의 선지식 역시 주변에서 볼 수 있는 다양한 사람들이다.

• 0 6 5 •

내 제자들도 때로 내 말을 듣고도
그 뜻을 다 이해하지 못하여
'나'가 있다는 아만심을 일으킨다.
그래서 평등하게 보아야 할 것을
그렇게 보지 않기 때문에
곧 아만을 끊지 못하고,
아만을 끊지 못하기 때문에 계속해서
다른 몸을 받게 된다.
그러나 나의 제자로서
내 가르침을 듣고 그 뜻을
바르게 이해하는 사람은
아만심을 끊고 목숨이 다한 뒤에

계속하여 윤회하지 않는다. (잡아함경)

가르침을 믿고 실천할 때 중요한 것은 높은 학력이나 지식, 또는 신행기간이 아니다. 나라는 아상을 버리고 다른 사람을 소중하고 귀하게 여길 줄 아는 것이 중요하다.

● 066 ●

사람은 혼자 나서 혼자 죽고,
혼자 가고,
혼자 운다. (무량수경)

올 때도 혼자였고 갈 때도 혼자다. 잘 알고는 있지만 사람은 항상 외로워한다. 함께 동행하기를 바라고, 함께 나누기를 바란다. 그러나 함께하는 그 속에서 우리는 홀로 인생을 가야함을 잊어서는 안 된다.

• 0 6 7 •

부처님께서 말씀하시기를,
"세월의 무상한 불꽃이 온 세상을 태운다"고
하셨고, "중생들이 받는 고통의 불길이
사방에서 함께 타오른다"고 하셨고,
"온갖 번뇌의 도둑이 항상 사람들을 죽이려고
엿보고 있다"고 하셨다.
그러므로 수행자는 마땅히 스스로를 깨우치기를
자신의 머리에 붙은 불을 끄듯이 해야 한다.

(선가귀감)

자신이 언제 죽을지 알지 못한다는 이유로 "나중에
한다"고 미루는 것은 어리석은 일이 아닐까? 지금 이

순간 하지 않으면 안 된다. 내일 당장 죽을 것이라고 한다면 한 마음 내려놓고, 주변에 따뜻한 미소를 베풀며, 가장 아끼던 것을 나누고, 급한 듯이 정진하는 것이 어렵지는 않을 것이다.

• 0 6 8 •

어리석은 자는 평생을 현명한 이를 섬겨도
국자가 국맛을 모르듯, 진리를 알지 못한다.
지혜로운 자는 잠깐만 현명한 이를 섬겨도
혀가 국맛을 알 듯, 진리를 바로 알아차린다.

(법구경)

흔히들 인복이 있다, 없다 이야기 한다. 그러나 혹시 내가 주변사람의 현명함, 장점에 대해서 국자 같은 삶을 살고 있지는 않은가 뒤돌아보자. 어리석음에 싸여 있고 아만심이 높은 사람은 국자일 수밖에 없다. 혀가 국맛을 아는 것처럼 현명함을 발견하고, 진리를 배운다면 그와 같은 인복이 어디 있을까?

● 069 ●

원각도량하처(圓覺道場何處)
현금생사즉시(現今生死卽是)

깨달음을 이룰 도량은 어디 있는가.
삶과 죽음이 있는 바로 이 자리로다.

(해인사 법보전 주련)

해인사 팔만대장경이 모셔진 법보전 오른쪽 기둥에 걸려 있는 주련의 글귀다. 팔만대장경의 큰 뜻을 한마디로 축약한 것이다. 우리가 구하는 궁극적인 행복(도)은 어디에 있는가? 바로 우리가 숨 쉬고 사는 이 자리에 있다. 이 자리를 떠나 다른 데서 무엇을 구하며 누릴 수 있겠는가? 현재가 없는 미래는 없다. 오지 않는 미래에 무엇을 그리 집착하겠는가? 이 순간도 끊임없이 변하고 있는데...

● 070 ●

應無所住 而生其心 응무소주 이생기심
"응당 머무는 바 없이 마음을 내라."

(금강경 장엄정토분)

육조혜능 스님께서는 이 글귀를 듣고 확철대오를 하게 된다. 허공에 구름이 머무는 바 없이 일어났다가 사라지듯이 우리의 마음도 그와 같아야 한다.

● 071 ●

한 마음이 일어나지 않으면 모든 법이 허물이 없다. 허물이 없으면 법도 없고, 한 마음이 나지 않으니 마음이라 할 것도 없느니라.

(신심명)

모든 것은 마음이 일어나는 것으로부터 시작한다. 마음은 무엇일까? 보고 있어도 보는 놈이 없어야하고 듣고 있어도 듣는 놈이 없어야 하는데 매순간 경계에 휘둘리며 집착하고 분별하며 산다. 이 순간 이 마음은 무엇일까?

• 072 •

과거도 버려라. 미래도 버려라.
현재의 이 내 몸 생각도 말라.
마음에 걸리는 모든 것을 버리면
생사의 괴로움을 받지 않나니. (법구경)

우리는 버리는 것보다 가지는 것에 익숙하다. 먹어야 하고 가져야 하고……. 마음 비우기가 욕심을 내는 것보다 훨씬 어렵다. 하지만 우리는 이 생을 떠날 때 무엇을, 얼마만큼 가지고 갈 것인가를 생각해봐야 한다.

• 0 7 3 •

황금의 광석을 녹여 그 찌꺼기를 버리고
연마하면 귀한 황금이 된다.
마음도 그와 같아서 마음의 광석을 녹여서
번뇌의 찌꺼기를 버리면
어떠한 사람이라도
다 같이 동일한 불성을 개발하여
가지게 되는 것이다.

(열반경)

몇 그램의 금을 캐기 위하여 광산에 들어가는 제련공들이 광석을 녹이고 찌꺼기를 제거하고……. 무한히 고된 작업을 계속하고 있다. 금을 캐기 위한 작업뿐만이겠는가? 우리의 수행 역시 똑같은 것이다. 쉽게

얻으려하면 그만큼 쉽게 없어지는 것이 수행이다. 맨발로 우리 곁을 지키셨던 부처님처럼 스스로 한 발 두 발 내디뎌 희망의 금광을 향해서 힘차게 나가야 할 것이다.

074

자신의 욕락을 능히 버리면
믿어 공경하기를 성인과 같이 할 것이요,
행하기 어려운 일을 능히 행하면
존중하기를 부처님과 같이 할 것이니라.
물질을 감추어 탐하는 것은
마구니의 권속이요,
자비심으로 보시하는 것은
법왕자(法王子)이니라.　　　　　　　　(발심수행장)

명예, 권력, 재산 모든 것들은 나 혼자의 힘으로 이루어지지 않는다. 주위 모든 인연들의 도움과 함께 성취되고 이웃과 함께 이루어진다.

소유하기 보다는 얻은 모든 것들을 나눔으로 실천해 보자. 행하기 어려운 일을 능히 해 나간다면 바로 법왕자가 될 것이다.

• 0 7 5 •

남을 갈라서게 하려고 여기서 들은 말을 저기에 가서 말해 이쪽을 부수고자 하고, 저기에서 들은 말을 여기에 와서 말해 저쪽을 부수고자 한다. 단합되어 있는 것을 이간시키고 이간된 사이를 더욱더 이간질하여 파당을 만들고 즐기며 파당을 찬양해 말하는 것이다. (중아함경)

이간질이나 한 입으로 두 말을 하는 사람의 입 모양을 보면 그 사람의 에너지가 느껴진다.
그렇다면 좋은 에너지는 어디서 나올까? 항상 웃는 얼굴로 좋은 말을 하는 사람에게서 나온다.

• 0 7 6 •

성인이란?
남들이 입에 침이 마르도록 칭찬하거나
욕을 하더라도 수영장에 서 있는 기둥처럼
태연하고, 애욕을 떠나 모든 감관(感官)을
잘 가라앉힌 사람, 어진 이들은
그를 성인으로 안다.　　　　　　　(숫타니파타)

인도에서는 강이나 연못 등 사람들이 목욕하는 곳에 네모나 팔모의 기둥이 있어 그 기둥에 대고 몸을 문지르며 씻는다. 이 기둥은 귀한 사람이 오든 천한 사람이 오든 조금도 거만하거나, 비굴하게 굴지 않는다. 삼라만상에 배우지 않는 곳은 없다. 기둥에게도,

산에게도, 물에게도……. 어느 경계에서도 흔들리지 않는 심성을 갖추어야겠다.

• 077 •

어리석은 이가 어진 이를 욕하고, 꾸짖고, 원망한다 하여도 상대가 받아들이지 않는다면 도리어 자신을 욕하고 원망하는 결과가 된다. 마치 메아리가 소리를 따르고 그림자가 물체를 따르는 것처럼."
(사십이장경)

상대방이 잘못하여 꾸짖어도 결국은 본인 마음이 더 불편하다. 남의 옳고 그름을 탓하기 전에 스스로를 살펴야 한다. 남을 미워하는 일은 결국 스스로를 미워하게 되고 만다.

• 0 7 8 •

만약에 가난한 사람이 있어서
와서 구걸하거든 비록 궁핍한데 있을지라도,
아끼지 말라.
힘닿는 데까지 베풀어 줄지니라. (초발심자경문)

작은 베풂은 훗날 큰 복덕으로 돌아온다. 주변을 돌아보면 베푸는 사람 중에서 끼니 걱정하는 이는 본적이 없다.
재물을 보시할 것이 없다면 고귀한 부처님 법을 알려주는 법보시부터 해보자. 그뿐이겠는가? 편안한 얼굴, 환한 미소, 따뜻한 칭찬 한마디, 대중교통에서 자리양보 등 마음만 있다면 무궁무진한 것이 보시이다. 익숙하지 않더라도 한마음 내어 지금 이 순간부터 실천해보자!

악한 말을 하지 마라. 그 저주의 말은 그대 자신에게 되돌아온다.
분노의 말은 고통을 불러오며 그 보복은 결국 그대 자신에게로 되돌아온다. (법구경)

말하기 전에 두 번, 세 번 생각하는 것이 어려운 일이지만 말하는 습관은 잘 다스려야 한다. 좋은 말도 자주 쓰다보면 나쁜 말을 하기 어렵게 되듯이 모든 말은 결국엔 자기에게 돌아오는 것이다.

● 0 8 0 ●

원한을 품은 사람들 속에서 원한을 버리고
즐겁게 삽시다. 원한을 품은 사람들 속에서
우리는 원한에서 벗어납시다.
고뇌하는 사람들 속에서 고뇌에서 벗어나
즐겁게 삽시다. 고뇌하는 사람들 속에서
우리는 고뇌에서 벗어납시다. (부처님 생애)

마음속을 들여다보면 '내가 옳다'는 마음이 숨어 있다. 그곳에서 원망하는 마음도, 고뇌하는 마음도 시작된다. 내가 옳다는 마음, 원망하는 마음, 고뇌하는 마음, 탐욕하는 마음 모두 비우고 우리 모두 다 함께 즐겁게 삽시다.

● 0 8 1 ●

우정이 끊어질까 염려하여 듣기 좋은 말을 하면서도 친구의 결점만을 보는 사람은 진정한 친구가 아니다. 아기가 엄마의 품에 안기듯이 그 사람을 의지하고, 다른 사람 때문에 그 사이가 멀어지지 않는 사람이야말로 진정한 친구다.
(숫타니파타)

나에게 이익이 있나 없나를 떠나서 나를 성심껏 대해주는 사람일 때 비로소 진정한 친구라고 할 수 있다. 나는 주변 사람들에게 어떤 친구인가 생각해볼 일이다.

082

사대로 이루어진 이 몸은 홀연히 흩어지는 것이라 오래도록 머물지 못하는 것. 오늘 벌써 저녁인가 했더니 어느새 아침이 오는구나. 죽은 뒤에는 고통이거늘 어찌 세상의 욕락에 탐착하며, 한번 참는 것이 긴 즐거움이거늘 어찌 닦지 아니하리오. (발심수행장)

부처님께서는 과거 500세 동안을 인욕하는 선인으로 수행하셨다는 이야기가 『금강경』에 나온다.
세상의 모든 즐거움도 잠시 인연 따라 생기고 인연이 다하면 없어지는 것이다. 세월의 무상함을 뛰어넘어 한번 참음으로 긴 열반의 세계를 향하는 것이다.

• 083 •

"불법은 이 세간 가운데 있는 것, 세간을 떠나서는 깨닫지 못하네. 세간을 떠나서 보리를 찾음은 마치 토끼의 뿔을 구함과 같으니라."

(무상송)

육조혜능 선사의 〈육조단경〉에 수록된 '무상송'에서 말하듯 깨달음은 먼 곳에 있는 것이 아니다. 일상생활을 하는 이 순간, 이 자리에 있는 것이다.
이웃이 아파할 때 함께 해결할 수 있는 방법을 찾아가고, 상대방이 나를 괴롭혀 힘들어질 때도 자비행으로 따뜻한 마음을 갖는 것이 곧 부처를 만나고 부처가 되는 것이다.

시간 시간 흘러 속히 하루가 지나가고, 하루 하루 지나가서 한 달이 빨리 돌아오며, 한 달 두 달 흘러 어느새 일 년이 오고, 한 해 두 해 옮겨가서 문득 죽음의 문에 이른다. 망가진 수레는 움직이지 못하고 노인이 되면 수행하지 못한다.
(발심수행장)

직장이 생기면, 결혼도 해놓고, 건강해지면, 안정이 되면…… 등의 이유로 마음 찾는 공부를 미루고 있다면 마음공부를 찾고자 할 때 망가진 수레처럼 이미 늦어버린다. 나중에 할 일로 미룰 것이 아니라, 지금 이 순간 발심의 고삐를 단단히 잡아야 한다.

• 085 •

"수보리야,
어느 곳이든지 만약 이 경이 있는 곳이면
일체 세간의 천상과 인간과 아수라 등이
응당 공양하게 되리니 마땅히 알라.
이곳은 곧 탑이 됨이라.
모두가 공경히 예배하고 돌면서
여러 가지 꽃과 향으로써 그 곳에 흩으리라."

(금강경 지경공덕분)

경에서 말하기를 모든 집착과 상을 버리라 한다.
믿지 말라가 아니라 바른 믿음을 가지라는 뜻이다.
보시하지 말라가 아니라 무주상으로 보시를 하라는

뜻이다. 아상, 인상, 중생상을 내지 말며 경을 마음 깊이 받아들이고 읽고 외우게 되면 삼천대천세계에 가득한 칠보로써 보시한 공덕보다 수승한 것이다.

● 086 ●

사람은 항상
눈 때문에 속고, 귀 때문에 속고,
코 때문에 속고, 입 때문에 속고,
육체 때문에 속는다.
그러므로 눈, 귀, 코, 입, 육체가 하고자 하는 욕망을 억제시켜 갖가지 욕망에 뛰어들지 않도록 힘써야 한다. (불유교경)

욕망은 끝이 없다. 좋아하는 것도 문제고, 싫어하는 것도 문제다. 어찌 보면 사실 문제라는 것은 풀리게 되어 있다. 그러므로 풀리는 문제를 잘 풀어서 스스로를 단속해야 한다.

• 087 •

진실로 자기 자신을 생각하는 사람이라면
나쁜 짓을 멀리하라.
나쁜 짓을 멀리하고 선행을 쌓으면
그 마음은 항상 편안할 것이다.
진실로 자기 자신을 사랑하는 사람이라면
주위로부터 자신을 지킬 줄 알아야 한다.

(잡아함경)

자기라는 소중한 보물이 있다는 것을 뒤로 하고 밖으로만 소중한 것을 찾으러 다니지는 않았는가. 자신을 소중히 여길 줄 알아야 한다.

• 088 •

원컨대 이 공덕이 널리 일체에 미쳐 나와 중생이 마땅히 극락세계에 태어나 함께 무량수 부처님 친견하고 모두 다 불도 이루어지이다.

(아침 종송)

모든 경전을 독송하고 난 뒤에 꼭 하는 구절이다. 부처님의 말씀을 학문적으로, 개인적으로 보는 것을 거부하고, 수많은 중생들을 위하여 회향하며, 보살행을 하는 것이 대승의 마음이다. 이는 곧 온 법계가 성불하도록 실천하는 마음이기도 하다. 이처럼 경전 끝에 온 대중을 향한 마음을 담듯이 사회의 작은 규범들 속에서도 모두가 함께 행복해지는 뜻이 담기길 서원해본다.

• 0 8 9 •

자기 자신의 행복을 위해서 다른 이의 행복을 침해한다면 그는 결코 진정한 행복을 맛볼 수 없다. 그러나 자기 자신의 행복을 위해서 다른 이의 행복을 침해하지 않는다면 그는 진정한 행복을 맛볼 수 있다. (법구경)

세간 사람들의 행복이란 경쟁에서 이겨 성공하는 것이다. 경쟁에서는 이기는 사람도 있고, 지는 사람도 있다. 하지만 행복이라는 것은 누구는 가질 수 있고, 누구는 가질 수 없는 상황이나 물건이 아니다. 지금 그대로 누릴 수 있는 것, 모든 생명이 갖추고 있는 것이 바로 행복이다.

● 090 ●

'이것은 별거 아니겠지'
이렇게 생각하며 조그만 행위라도
소홀히 말라.
저 물방울이 모이고 모여 마침내는
큰 항아리를 가득 채우듯
지혜 있는 이는 이런 식으로
조그만 행위라도 소홀히 하지 않아
그 결과로 마침내는
크나큰 기쁨을 맛보게 된다. (법구경)

사찰에서 어른스님들은 후학들이 어쩌다 하는 큰 실수는 너그러이 받아주는 반면, 작은 습관이나 조그만

일들은 꼼꼼하고 정확히 지적해주신다. 실패나 성공 모두 이 '조그만 것'이 좌우하기 때문이다. 그러나 조그만 것을 소홀히 여기지 않는다는 것은 결코 쉬운 일이 아니다. 부처님과 같은 혜안을 가지고 작은 것부터 소중히 여기자.

• 0 9 1 •

입은 화의 문이니 반드시 엄격히 지키고,
몸은 재앙의 근본이니 가벼이 움직이지 말라.

(계초심학인문)

말과 행동을 보면 그 사람이 어떤 인생을 살고 있는지 알 수 있다. 내가 겪는 어려움은 다른 무엇 때문이 아니라 자신의 말과 행동으로 인한 것이다. 나쁜 업을 짓지 않고 선을 받들고 행하는 것이 수행이라고 하셨다. 이러한 수행을 몸과 입과 뜻으로 행할 때 비로소 신 구 의 삼업이 청정해지는 것이다.

● 092 ●

어리석은 사람은
할 수 있는 일은 하지 않고
반대로
할 수 없는 일을 하려고 애쓴다.
그러나 지혜로운 사람은
할 수 없는 일은 하지 않고
자기가 할 수 있는 일만을
열심히 한다.　　　　　　　(증일아함경)

혼자서
무거운 짐을 짊어지고
산에 올라가려면

무거운 짐을 내려놓아야
가볍게 갈 수 있다.
일을 도모하는 것에도
무리를 하거나
욕심을 내지 말아야 한다.

• 0 9 3 •

몸과 마음이 청정해 앙심을 품지 않는 사람을 욕하거나 꾸짖는다면 허물은 도리어 자기에게 돌아가나니, 마치 흙을 끼얹더라도 바람이 거슬러 불어와 자신을 더럽히는 것 같네.

(잡아함 건매경)

누구나 자기를 미워하고 원망하는 사람이 있기 마련이다. 하물며 부처님도 비방의 대상이 되건만 어찌 사바세계의 중생사에 좋은 벗만 있겠는가? 욕하고 꾸짖어도 어떻게 이겨내고 어떻게 참아내는가에 따라 그 과보가 달라진다.

• 094 •

이 세상에 존재하는 그 어떤 수많은 약들도 진리의 약과 대등한 것은 없다. 진리를 닦고 익히며 관찰하고 병에 걸리기 쉬운 소인(素因)을 모두 멸하였을 때 그대들은 열반의 경지를 얻게 되리라. (밀린다왕문경)

앞으로 태어나는 모든 곳곳마다 몸과 마음에 진리의 약을 지녀, 건강하고 무장무애한 날들이 장엄하길 발원하옵니다.

● 095 ●

"여름에는 내 여기 살 것이다. 겨울에도
내 여기 살 것이다."
어리석은 이는 이렇게 생각하며
죽음이 오는 것을 알지 못한다.
배우자와 자녀, 그리고 재산을 믿고
목에 힘주며 살아가고 있는 사람에게
죽음은 어느 날 덮쳐버린다.
잠든 마을을 홍수가 휩쓸어 가 버리듯.

(법구경)

죽지 않으려고 불로초를 구하던 진시황의 모습이 우리의 모습이 아닐까. 나의 죽음에 대해서도 깊이 생각해 봐야한다.
죽음은 예고 없이 찾아온다. 그러므로 우리는 언제든 마음 한편엔 죽음을 맞아들일 준비를 하고 있어야 한다.

• 096 •

비록 여기에 저 설산만한 순금덩어리가 있다고 하자. 어떤 사람이 그 금을 얻는다고 해도 오히려 만족할 수 없을 것이다. 그러므로 저 지혜로운 사람은 그 금을 돌과 같다고 보느니라.
(잡아함경)

사람의 욕심은 끝이 있을까? 부처님의 가르침을 모르고, 본인의 습관이나 욕망으로 인해 끝없는 욕망을 찾아다니지는 않은지……. 그것은 마치 불빛을 보고 날아드는 나방과 같다고 할 수 있다. 과연 금을 보고 돌과 같다고 생각할 수 있는가?

• 0 9 7 •

심심산골에는
산울림 영감이
바위에 앉아
나같이 이나 잡고
홀로 살더라.　　　(법정스님 홀로 사는 즐거움)

故 법정스님께서 지은 '홀로 사는 즐거움' 이라는 책에 실려 있는 구절이다. 법정스님께서는 청마선생의 심산(深山)이라는 시 구절을 어릴 적부터 즐겨 외우셨다고 한다. 깊은 골짜기에 들어가기 어렵다면 잠시나마 글귀를 들여다보며 눈을 감아보자. 눈 덮인 산하에 편안히 차 한 잔을 마시며…….

• 098 •

원망 속에 있으면서 원망하지 말고
근심 속에 있으면서 근심하지 말고
욕심 속에 있으면서 욕심내지 말고
내 것이 아닌 것은 가지려 들지 말라 (법구경)

내 마음속에는 원망, 근심, 욕심이 다 들었다. 그 속에서 나 자신을 들여다보며 매일 매일 발심하고 경책해야 한다.

● 099 ●

캄캄한 가운데 보물이 있으나
등불이 없으면 볼 수 없는 것과 같이 부처님의 가르침도 설명해주는 사람이 없으면 비록 지혜가 있으나 능히 알 수 없느니라. (화엄경)

지혜가 있다고 하나 이해해주고 설명해 주는 바른 스승이 없다면 올바른 깨달음을 얻을 수 없고 볼 수 있다고 하나 보고도 마음을 열지 않으면 나와 남 그리고 현상에서 초연할 수 없다.

● 100 ●

세간(世間)에는 네 종류의 사람이 있다.
첫 번째 사람은 번뇌(結)를 따르지만
마음에 번뇌가 있는 줄 알지 못한다.
두 번째 사람은 번뇌를 따르지만
마음에 번뇌가 있는 줄 사실 그대로 안다.
세 번째 사람은 번뇌를 따르지 않지만
마음에 번뇌가 없는 줄 사실 그대로 알지 못한다.
네 번째 사람은 번뇌를 따르지 않지만
마음에 번뇌가 없는 줄 사실 그대로 안다.

(증일아함경)

공부를 할 때 번뇌망상이 들지 않으면 좋겠지만 찰나 찰나에 어느 틈엔가 딴생각을 하고 만다. 하지만 모든 것이 실체가 없다고 생각하면 번뇌망상도 따르지 않을 것이다. 있는 그대로가 무상한 줄 안다면 그것이 최상의 행복 아니겠는가?

• 101 •

현상계의 선과 악을 초월하여
범행을 갖추고
지혜로 세상을 지나는 나그네,
그를 일러 진정한 비구라 한다.　　　(법구경)

출가란 과연 무엇을 말하는 것일까? 몸이 출가하여 머리를 깎고 옷을 입은 것만으로는 진정한 출가라 할 수 없다. 마음으로 출가를 하지 않으면 비록 머리 깎고 스님이 되었어도, 마음속에 탐욕이 있어서 구도의 길을 순탄하게 갈 수가 없다. 비록 속세에 살더라도 심출가(心出家)가 이루어져 세상의 헛된 것들에 크게 마음과 뜻을 두지 않으며, 모든 것에 초연하고 자유

자재하다면 그 사람은 대해탈과 대열반을 얻은 진정한 출가인이다.

● 1 0 2 ●

생각이 깊고 총명하고 성실한 지혜로운 도반을
만났거든 어떤 어려움이 있더라도 극복하고
마음을 놓고 기꺼이 함께 가라. (법구경)

수행자가 구도(求道)의 길에서 만난 좋은 벗을 우리는
도반이라고 부른다. 벗에는 네 종류의 벗이 있는데,
꽃과 같은 벗,
저울과 같은 벗,
금빛을 발산하는 산(金山)과 같은 벗,
그리고 대지와 같은 벗이 있다.
꽃은 아름다우나 곧 시들어 버려 영원한 가치를 갖지
못한다. 꽃과 같은 벗이란 좋을 때만 찾아드는 친구

를 의미한다.

저울은 무거운 쪽으로 기운다. 저울과 같은 벗이란 형편이 좋을 때 모여드는 친구로서 이 둘은 진정한 친구가 되지 못한다.

산은 언제나 그 자리에 머물러 있다. 대지는 항상 의지할 수 있으며, 언제든지 씨를 뿌릴 수 있는 자양분과 같다. 이러한 산과 대지와 같은 친구가 되어보자.

• 1 0 3 •

전단향나무로 중생의 모습을 만들고 여래와 보살의 모습도 만든다. 비록 천만 가지 얼굴이 다 다르지만 만약 그 향기를 맡아보면 모두가 같은 전단향의 향기라네.　　　　(석문의범)

불상과 탱화를 조성하려고 할 때나 스님들이 점안(點眼)할 때 반드시 하는 염불의 내용이다.
이러한 내용의 법문이 있기 때문에 비록 형상으로 모신 것이지만 생명의 힘을 불어 넣어[聖像] 염불을 하고 기도를 올리게 된다.
전단향의 향기가 나듯이 생명이 있든 생명이 없든 모든 삼라만상의 존재는 부처[覺]가 될 수 있는 것이다.

무엇이든지 전단향 향기가 난다. 다만 그 향기를 맡을 수 있는지 없는지는 나의 문제다.

● 104 ●

넓은 들판에 호수가 있어 그 물이
맑고 깨끗해도 그것을 쓰는 사람이 없으면
스스로 말라 없어진다.
이처럼 아무리 귀한 재물일지라도
어리석은 사람이 가지고 있으면
자기를 위해서 쓰지도 못하고
남을 위해 베풀지도 못하면서
모으고 지키느라 걱정만 하다가
임종과 함께 잃어버리고 만다.
지혜로운 사람은 남을 위해 쓸 줄도 알고
자기를 위해 쓸 줄도 알아
그 목숨을 마친 뒤에는

천상에 태어나게 된다. (잡아함경)

한평생 모은 재산이라도 어떻게 쓰고 베풀었느냐에 따라 임종이 눈앞에 닥쳤을 때 후회할지 안할지가 결정된다. 누구나 노후를 걱정한다. 과연 돈이 있을까? 병이 들면 어떻게 하나? 하지만 제일 중요한 마음을 닦은 재산을 남기려 하지 않는다. 이제부터라도 남에게도 베풀고, 현재 자신에게도 베풀 수 있는 재산과 보물을 키워보자.

• 1 0 5 •

어떤 가난한 사람이 친구 집에 가서 술에 취해 자는데, 주인인 친구가 급한 용무로 외출을 하면서 친구의 옷 속에 보배구슬을 몰래 넣어 놓았습니다. 그러나 친구는 그 사실을 모른 채 다른 나라로 유랑하면서 날품을 팔아 간신히 먹고 살았습니다. 그 후 얼마가 지난 뒤에 친구가 그를 보고 말하였습니다.
"어리석은 친구여, 그대 옷 속에 보배구슬을 넣어 두었는데, 그것도 모르고 옷과 먹을 것을 구하려 그렇게 고생하는구나! 이제 이 보물로써 필요한 것을 산다면 항상 모자람이 없으리라."

(법화경)

자기 자신이 얼마나 소중한지…
밖으로만 뛰어다니며 무엇인가를 갈구하고 찾으려는 우리네 인생도 어찌 보면 이야기 속 친구와 다를 게 없다. 결국 우리도 내 안에 무궁무진한 보물이 있다는 것을 모른 채 살고 있다.

106

오관게(五觀偈)

이 음식이 어디서 왔는고?
내 덕행으로는 받기 부끄럽네.
마음의 온갖 욕심 버리고
몸을 지탱하는 약으로 알아
도업을 이루고자 이 공양을 받습니다.

Where does this food come from?

I feel ashamed by my poor virtue.

Casting away all desire from my mind.

Considering this food as medicine to preserve my body.

I receive this food to attain enlightenment.

힘들게 일해서 번 돈으로 음식을 사먹고, 공양을 하는 것은 당연한 일처럼 보인다. 그러나 사실 이 음식이 내 앞에 올 때까지의 과정 중에서 필요했던 사람 중 단 한 명이라도 빠졌다면 음식이 오기 어려웠을 것이다. 또한 날씨가 너무 뜨겁거나, 너무 추웠거나, 비가 많이 내렸거나, 내리지 않았다면 더더욱 내 앞에 오기 어려웠을 것이다.

공양(供養)을 받는다는 것은 자양분을 공급받는다는 뜻이다. 온 우주가 담겨있고, 수많은 사람의 노고가 담겨있는 공양을 오늘도 받을 수 있다는 것에 감사함을 담아본다.

● 107 ●

부처님은 환자를 돌보는 간병인이
어떤 태도를 가져야 하는지에 대해서도
말씀하셨다. 간병인이 다섯 가지 좋은 태도를
가지면 환자의 병이 잘 낫는다.
첫째 좋은 약을 분별할 줄 알고,
둘째 게으르지 않아 먼저 일어나고 늦게 자며,
셋째 참을성이 많아 화를 잘 내지 않으며,
넷째 항상 이야기를 좋아하고 잠이 적으며,
다섯째 이익을 탐해 간호하는 것이 아니라,
마음을 다해 공양하기 때문에
환자에게 설법을 해주는 것이다.
이런 간병인은 환자를 잘 낫게 할 수 있다.

(증일아함경 선취품)

부처님께서는 팔복전 가운데 병자를 간호하는 일이 가장 큰 복전이라 하셨다. 따라서 병든 자를 잘 보살펴 주는 것은 부처님께 최상의 공양을 올리는 것과 같다고 하셨다.

팔복전이란?

1. 우물 파서 물 보시하는 일
2. 나루터에 다리 놓는 일
3. 험한 길을 잘 닦는 일
4. 부모님께 효도하는 일
5. 스님께 공양 올리는 일
6. 병든 사람 간호하는 일
7. 재난 당한 이를 돕는 일
8. 무차대회를 열어서 일체고혼을 천도하는 일

• 1 0 8 •

불망초심(不忘初心)
'처음 시작할 때의 그 마음을 잊지 말라.'

(화엄경)

개구리가 올챙이 시절을 기억하지 못한다고 한다. 우리네 인생도 시간의 흐름에 따라 욕심을 내고 자만하여 처음 마음을 잊어버린다. 처음 출가했을 때의 마음, 그 마음을 잊지 말아야겠다.

여행스님과 만나는
자비도량

2012년 05월 18일 초판 인쇄
2012년 05월 25일 초판 발행

엮은이 여 행
발행인 이주현
발행처 도서출판 해조음
등 록 2002. 3. 15. 제 2-3500호
　　　 100-380
　　　 서울시 중구 필동3가 39-17 203호
　　　 전화 (02)2279-2343
　　　 전송 (02)2279-2406
　　　 메일 haejoum@naver.com

값 6,000 원

ISBN 978-89-91107-63-2 03220